Hypnotisieren lernen

Hypnose-Texte – Hypnotische Sprachmuster
Hypnotische Induktion

Jürgen Wude

Hypnotisieren lernen.

Inhaltsverzeichnis

Hypnotisieren lernen.

Hypnotisieren lernen.

Die Praxis der Hypnose

Dieses Buch soll dazu dienen, all jenen das Lernen der Hypnose zu erleichtern, die die Absicht haben, Hypnotiseur oder Hypnotiseurin zu werden. Doch eines sei gesagt: Die theoretischen Grundlagen können und wollen das praktische Erlernen der Hypnose nicht ersetzen. Wer tatsächlich lernen will, andere Menschen zu hypnotisieren, der oder die wird um eine praktische Ausbildung nicht herumkommen. Bedauerlicherweise ist die Hypnose ein viel zu selten eingesetztes Instrument in der gesamten Heilkunde. Denn in allen Bereichen der Hypnose lautet der oberste Grundsatz bei jeder Hypnoseanwendung: niemals schaden!

Die biblische Schöpfungsgeschichte im Johannesevangelium beginnt mit den Worten: „Im Anfang war das Wort." Dieser Satz beschreibt in einzigartiger Weise die Macht des Gedankens – der Gedanke, der zum Wort wird. Das Wort ist die Verbindung zwischen dem Gedanken und der Handlung und der Gedanke die vorweggenommene Tat. Hypnose und Suggestion sind die vielleicht merkwürdigsten Eigenschaften unserer menschlichen Seele. Was für jede wissenschaftliche Forschung gilt, nämlich, dass sich hinter jeder gefundenen Ursache eine weitere verbirgt, trifft auch auf die Hypnose zu.

Die Wirkung von Hypnose und Suggestion kann einem Menschen dazu verhelfen, sein gesamtes oftmals verborgenes Potenzial zu erkennen. Über diesen Punkt hinaus kann die Hypnose selbst bei schwerwiegenden Erkrankungen Erstaunliches leisten und manchmal wirksamer sein als andere Mittel. Die Techniken der Hypnose sind untersucht, zum Teil statistisch gesichert, und scheinbar sind alle ihre lang gehüteten

Hypnotisieren lernen.

Geheimnisse längst gelüftet – allerdings nur scheinbar. Meiner Ansicht nach sollte sich jeder und jede mit Hypnose beschäftigen. Sie berührt und beeinflusst unser tägliches Leben in vielfältiger Weise, oft nicht zu unseren Gunsten, und zwar dort, wo die Beteiligten unbewusst Hypnose erleben. Deshalb sollte jeder Mensch für sich in Anspruch nehmen, die Eigenschaften und Möglichkeiten dieses natürlichen Bewusstseinszustandes der Hypnose zu erfahren und zu nutzen. Die Anwendung der Hypnose in der Therapie von Menschen unterliegt den verschiedensten gesetzlichen Bestimmungen der jeweiligen Länder. In Deutschland ist sie Ärzten, Ärztinnen, Heilpraktikern, Heilpraktikerinnen, Diplompsychologen und Diplompsychologinnen vorbehalten. Bei der Anwendung in nicht heilkundlichen Bereichen, wie zum Beispiel im Sport oder in der Pädagogik, sollte die Anwendung mit entsprechender Expertise bzw. Praxiserfahrung erfolgen.

Als viele Jahre praktizierender Hypnosecoach, der geschult in der Anwendung der Hypnose im nicht medizinischen Bereich ist, möchte ich Ihnen mein Wissen in diesem E-Book zur Verfügung stellen. Fachlich kompetente, konstruktive Kritik von Kollegen und Kolleginnen ist hier jederzeit willkommen, bitte nutzen Sie dazu die Möglichkeit, mit mir per E-Mail oder im Kommentarbereich in Kontakt zu treten.

Hypnotisieren lernen.

Persönliche Voraussetzungen

Wer lernen will, Hypnose bei anderen Menschen anzuwenden, sollte in der Lage sein, mit sich selbst liebevoll und gesund umzugehen.
Einfühlungsvermögen, Kreativität, Selbstbeherrschung, Selbstsicherheit, Anpassungsfähigkeit, Güte, Geduld und Ruhe sind wünschenswerte Voraussetzungen, um andere Menschen zu hypnotisieren. Innere Sicherheit und die eigene Überzeugung, dass eine Hypnosesitzung positiv verlaufen wird, übertragen sich dabei auf die zu hypnotisierende Person (Hypnotisand). Im Gegenteil dazu wird sich auch jede Unsicherheit auf den Hypnotisanden übertragen und nicht förderlich für ihn sein. Die Praxis der Meditation kann hierbei sehr hilfreich sein.
Es ist ein weitverbreiteter Irrglaube, dass zum Hypnotisieren eine übernatürliche Begabung nötig wäre. Dennoch kann sich das Vorhandensein bzw. die Entwicklung einiger besonderer seelischer Kräfte auf das Gelingen einer Hypnose sehr günstig auswirken.

Eine gute Voraussetzung für die Entwicklung der eigenen Begabung stellt die Lehranalyse dar. Diese bezeichnet eine Hypnosebehandlung, die der/die zukünftige Hypnotiseur/Hypnotiseurin an sich selbst durchführen lässt. Grundsätzlich kann also jeder geistig gesunde Mensch das Hypnotisieren erlernen. An dieser Stelle sei noch einmal betont, dass es zum Erlernen der Hypnose nicht zwingend einer persönlichen Einweisung durch einen erfahrenen Praktiker/eine erfahrene Praktikerin bedarf.

Die drei W, Wissen, Wärme und Wahrhaftigkeit, sollten eher als oberste Voraussetzung betrachtet werden. Ein Hypnotiseur/eine Hypnotiseurin tritt bestimmt auf – aber nicht bestimmend. Sie dürfen niemals an Ihren

Hypnotisieren lernen.

eigenen Fähigkeiten zweifeln. Ihr Äußeres und Ihre Kleidung sollten auf keinen Fall magisch anmuten, es sei denn, Sie wollen eine Hypnose-Show durchführen. Ein Hypnotiseur/eine Hypnotiseurin muss in der Lage sein, der zu hypnotisierenden Person ein Gefühl von Vertrauen und Geborgenheit zu vermitteln. Machen Sie sich mit der Tatsache vertraut,
dass ein Hypnotisand/eine Hypnotisandin über seine bzw. ihre unbewussten Empfangskanäle wahrnimmt, ob ein Hypnotiseur/eine Hypnotiseurin aus innerer Überzeugung und mit dem aktiven Willen zur Hilfestellung handelt.

Die Sprache des Hypnotiseurs/der Hypnotiseurin sollte deutlich, standardsprachlich und überzeugend sein. Ein Befehlston oder eine in anderer Weise dogmatisch klingende Sprache ist unangebracht. Die in der Vorstellung der meisten Laien und Laiinnen stechenden Blicke eines männlichen Hypnotiseurs sind den Darstellungen der Medien geschuldet. Denn die Augen des Hypnotiseurs/der Hypnotiseurin sollen ebenfalls Ruhe und Geborgenheit ausstrahlen. Auch die Bewegungen – Gestik und Mimik – als nonverbales Ausdrucksmittel sind wichtig bei der Vermittlung von Ruhe und Sicherheit. Eine Körperschulung, die eventuelle Unstimmigkeiten korrigieren kann, ist hier sinnvoll.

Hypnotisieren lernen.

Wer kann hypnotisiert werden

Jeder geistig gesunde Mensch ist hypnotisierbar. Menschen können sogar gegen ihren Willen hypnotisiert werden. Aus meiner eigenen Praxis ist mir ebenso bekannt, dass Personen, die behaupten der Hypnose aufgrund ihres starken Willens widerstehen zu können, damit nur ihre Angst vor dieser bekunden. Gerade solche Personen sind meist durch schnelle und sichere Suggestionen leicht in Hypnose zu versetzen.

Was die Altersuntergrenze bei Hypnose betrifft, liegt diese meiner Erfahrung nach bei drei bis vier Jahren. Hier ist der Umstand zu beachten, dass sich ältere Menschen oft weniger gut konzentrieren können, was die Hypnose erschwert. Ansonsten sind Schwierigkeiten bei der Hypnose oft auf die Unsicherheit des Hypnotiseurs/der Hypnotiseurin oder auf Widerstände des Hypnotisanden/der Hypnotisandin zurückzuführen.

Die von meinen Kollegen und Kolleginnen und in anderen Fachkreisen immer wieder vertretene Meinung, dass Verwandte, Freunde/Freundinnen und gute Bekannte schlechter hypnotisierbar sind, kann ich nicht bestätigen.

Vor Durchführung der ersten Hypnose sollte ein Hypnotiseur/eine Hypnotiseurin seine/ihre Sicherheit stärken, indem er/sie mit Menschen arbeitet, die leicht hypnotisierbar und suggestibel sind. Förderliche Eigenschaften sind hierbei:

Hypnotisieren lernen.

Intelligenz, Konzentrationsfähigkeit, Fantasie, Kontaktfreudigkeit, Anpassungsfähigkeit, Bereitschaft zur Mitarbeit und Vertrauen. Menschen in besonderen seelischen Situationen sind leichter zu hypnotisieren, zum Beispiel in Ausnahmesituationen, Angstsituationen, vor und während einer Entbindung oder Operation oder vor zahnärztlichen Behandlungen. Im Gegensatz dazu sind Eigenschaften wie Uneinsichtigkeit, Unkonzentriertheit, Fantasielosigkeit, Verschlossenheit, Starrheit oder Angst vor Kontrollverlust eher kontraproduktiv für eine gelungene Hypnose.

Für den ersten Versuch einer Hypnose empfehle ich hinsichtlich der Tageszeit die biologischen Tiefphasen eines Menschen. Diese finden ungefähr zwischen 12:00 bis 16:00 Uhr und ab 20:00 Uhr statt. Bei jeder weiteren Hypnose ist die Tageszeit nicht mehr von Belang. Doch es gibt weitere Einflüsse und Voraussetzungen, die für die Hypnose wichtig sind, zum Beispiel die Einstellung zur Hypnose und zum Hypnotiseur/zur Hypnotiseurin.
Schaffen Sie deshalb eine angenehme Umgebung, mit warmer Beleuchtung und passender musikalischer Begleitung. Selbstverständlich ist auch auf eine bequeme Kopflagerung und eine passende Unterlage zu achten. Stellen Sie außerdem alle störenden Geräusche ab (Telefon, Wohnungsklingel, Handy etc.). Wenn sich eine Geräuschkulisse, zum Beispiel Baulärm, nicht abstellen lässt, hat sich bei mir folgende Suggestion bewährt: „Ganz deutlich hören Sie meine Stimme – alle anderen Geräusche sind vollkommen gleichgültig und vertiefen Ihre innere Ruhe." Die Anwesenheit dritter Personen wirkt meist störend und ist deshalb eher zu vermeiden. Mit diesen Hilfestellungen können Sie sich als Anfänger oder Anfängerin möglichst günstige Rahmenbedingungen für die Hypnose schaffen, um zunehmend an Sicherheit zu gewinnen.

Hypnotisieren lernen.

Wer darf nicht hypnotisiert werden?

Im Grunde sollte klar sein, dass niemand gegen seinen oder ihren Willen hypnotisiert wird. Als praktizierender Hypnotiseur/praktizierende Hypnotiseurin werden Sie ebenfalls auf Vorurteile stoßen, die dennoch respektiert werden müssen. Hier werden Ihnen auch Bedenken in Bezug auf die Weltanschauung begegnen. Um diese Vorurteile jedoch nicht immer wieder entkräften zu müssen, kann ich Ihnen das Taschenbuch „Psychotherapie in Hypnose – was jeder darüber wissen sollte" empfehlen. Dieses Taschenbuch kann jeder Klient und jede Klientin mit nach Hause nehmen und den skeptischen Angehörigen und Freunden und Freundinnen vorlegen, damit diese sich anhand von Fakten ein Bild machen und gut informieren können.

Der Rapport in Hypnose

Die zu beachtenden Regeln für die Wortwahl und den Sprachgebrauch in der Hypnose

Eine der auffallendsten und wesentlichsten Besonderheiten der Hypnose ist der hypnotische Rapport. Die allgemeine Hypnoseliteratur verwendet diesen Begriff – und auch hier soll er als gängige Bezeichnung für die hypnotische Kommunikation verwendet werden.

Die verbale Kommunikation

Die älteren Verständnisebenen der Sprache, die unter Hypnose besonders aktiv sind, können mit Verneinungen nichts anfangen, weil diese nicht vorstellbar sind. Die zu beachtenden Regeln für die Wortwahl und den Sprachgebrauch in der Hypnose sind:

- Jedes Wort sollte nicht nur als logische Botschaft übermittelt, sondern auch mit den inneren Sinnen vorgestellt werden, um dessen Botschaft auch über die anderen Kommunikationsebenen zu übertragen.

- Jede Botschaft soll positiv vorstellbar gemacht werden, auf möglichst einfache und sorgfältige Wortwahl ist dabei zu achten. Der angestrebte Zustand ist unbedingt positiv zu benennen.

- Nicht begreifbare bzw. vorstellbare Negationen („kein", „nicht" usw.) sind zu vermeiden, denn sie können zur Umkehrung des Satzinhaltes führen. Zum Beispiel bleibt vom Vorsatz „Ich habe keinen Hunger" inhaltlich nur „Ich habe Hunger" übrig. Besser ist hier „Ich bin satt".

- Ebenfalls haben Vorsilben wie „ent-" und „un-" nichts in der Hypnose zu suchen, da sie den ursprünglichen Wortsinn umkehren. Das Wort „unbrauchbar" erhält beispielsweise durch das für unser Unbewusstsein nicht vorstellbare „un-" erst recht die Bedeutung „brauchbar". Deshalb sind eine exakte Wortwahl und gute Stimmführung wichtige Voraussetzungen für die Hypnose.

Hypnose bereichert Ihr Leben, stärkt Ihre Kommunikationsfähigkeit, optimiert den Umgang mit anderen, lockert Hemmungen, löst Blockaden (eigene und die der anderen), aktiviert, stärkt

und fördert Ressourcen. Und es macht einfach unglaublich viel Spaß!

Die nonverbale Kommunikation

Die Verständigung ohne Worte hat in der Hypnose eine noch größere Bedeutung als im bewussten Zustand. Signale, die hier gesendet werden, liegen zu einem großen Teil sogar unter der bewussten Wahrnehmungsschwelle. Die nonverbale Kommunikation findet über alle fünf Sinne statt. Der Sinn „Hören" spielt dabei eine große Rolle: das Sprechtempo, die Stimmlage, die Lautstärke und die Sprechpausen. Auch andere auf eine Person bezogene Gehörreize, wie der Klang der Schritte oder der Rhythmus der Atmung, gehören dazu.

Physiologische Empfindungen

Physiologische Empfindungen bei der Hypnoseeinleitung

Die Methoden der Fixation und Faszination lösen bei den Hypnotisanden und Hypnotisandinnen verschiedene physiologische (körperliche) Empfindungen aus, die nach außen gut sichtbar sind und so für die Einleitung der Hypnose verwendet werden können. Durch das längere Fixieren eines Gegenstandes direkt vor den Augen der zu hypnotisierenden Person kommt es zu einem Konvergieren der Augen, wodurch ein unscharfes oder ein Doppelsehen ausgelöst wird. Von außen zu erkennen ist das Eintreten des unscharfen Sehens durch die Vergrößerung der Pupillen; es kann dementsprechend bei der Hypnoseeinleitung durch Ansagen verwendet werden (Sie sehen den Gegenstand zunehmend unscharf.). Durch die Aufforderung, den Gegenstand (Finger des Hypnotiseurs/der Hypnotiseurin) fest mit den Augen zu fixieren ohne zu blinzeln, kommt es schnell zur Austrocknung der Bindehaut. Dies kann am veränderten Glanz der Augen beobachtet werden und dann als brennende Augen angesagt werden. Nach weiterer längerer Fixation kommt es zu einem Vibrieren der Augenlider, was wiederum als Schwere der Augenlider angesagt werden kann.

Bei der Benutzung von Farbtafeln stellt sich nach längerer Fixation ein Nachbildeffekt ein. Nach einer gewissen Zeit macht sich hier eine Reizermüdung bemerkbar. Das heißt, wenn der Hypnotisand/die Hypnotisandin von der Farbtafel auf eine neutrale Fläche blickt, kommt für ihn/sie eine Komplementärfarbe als Abbild der vorher fixierten Fläche zum Vorschein. Diese Erscheinung des Bildes kann wieder als Ansage genutzt werden (Sie sehen jetzt einen kleinen grünen Kreis.).

Bei der haptischen Einleitung (mit der Hand) können die Berührungs- oder Wärmereize als Ansage genutzt werden. Die Hände des Hypnotiseurs/der Hypnotiseurin werden dabei in wenigen Zentimetern Abstand über der Stirn des Hypnotisanden/der Hypnotisandin gehalten oder auch direkt aufgelegt, was der Patient/die Patientin als Wärme oder Schwere empfindet.

Solche Empfindungen können bei dieser Einleitung als Ansage genutzt werden. Bei einer weitreichenden Entspannung kippen die Fußspitzen des Patienten/der Patientin nach außen. Durch das Nachaußenkippen der Fußspitzen wird das Anheben der Beine erschwert, was als „Ihre Beine sind jetzt ganz schwer" angesagt und genutzt werden kann. Durch die verbalen Anweisungen erfolgt eine Konzentration und Beschränkung auf die Stimme des Hypnotiseurs/der Hypnotiseurin, womit

Hypnotisieren lernen.

eine erhöhte Spannung und Aufmerksamkeit in Bezug auf die spätere verbale Einleitung gegeben ist.

Die Hypnoseeinleitung durch Verbalsuggestion

Unter den Einleitungsverfahren kommt der Verbalsuggestion die größte Bedeutung zu, da sie die besten Voraussetzungen zur Anwendung von Suggestionen bietet. Da diese etwas in der Zukunft und nicht in der Gegenwart suggerieren, bleibt hier eine gewisse Zeit zur Realisierung der Gedanken.

Deshalb ist sie bei einem Hypnotiseur/einer Hypnotiseurin, der/die sich sicher fühlt, das Verfahren, das mit fast 100-prozentiger Sicherheit einsetzbar ist. Bei schon mehrfach hypnotisierten Personen kann auf andere Verfahren, die zu Beginn eingesetzt worden sind, zugunsten der Verbalsuggestion verzichtet werden.

Ein weiterer Pluspunkt, der für die Verbalsuggestion spricht, ist die Tatsache, dass nahezu alle Suggestionen, egal mit welcher Einleitung, im späteren Verlauf als rein verbale lückenlos weitergeführt werden. Des Weiteren kann eine verbale Hypnose, da sie an die Stimme des Hypnotiseurs/der Hypnotiseurin gebunden ist, leichter aufrechterhalten werden.

Die Sprechweise sowie die Sprache sollte dabei den eingangs erläuterten Regeln folgen; also in einem Tonfall der Sicherheit und Ruhe, weder zu laut noch zu leise, eher monoton. Dabei sollten keine unrealistischen Suggestionen vorgegeben werden. Achten Sie außerdem auf einen dauerhaften und ruhigen Redefluss – das verhindert das Abschweifen der Gedanken des Hypnotisanden/der Hypnotisandin.

Hypnotisieren lernen.

Suggestion: „Bitte achten Sie nun ein Moment auf Ihre Atmung. Mit jedem Atemzug werden Sie immer ruhiger und ruhiger; mit jedem Wort von mir können Sie immer mehr angenehme Müdigkeit und Ruhe aufnehmen. Mit jedem Atemzug und mit jedem Wort von mir werden Sie immer ruhiger und müder. Ihre Müdigkeit konzentriert sich vor allem auf Ihre Augenlider. Ihre Augen werden immer schwerer und schwerer, müder und müder; so, dass Sie sie kaum noch offenhalten können. Ganz angenehm schwer werden die Augenlider – immer müder und schwerer. Ihr Wunsch, die Augen zu schließen, wird immer größer, weil Ihre Augen immer müder und schwerer werden. Sie können nun zulassen, Ihre Augen einfach zu schließen, sie einfach zufallen zu lassen. Geben Sie dem Wunsch nach, die Augen zufallen zu lassen, sobald Sie es wollen; denn Ihre Augen werden immer schwerer und schwerer; werden immer müder und müder."

Sie werden hierbei auf Menschen stoßen, die sich schon nach den ersten Worten in Hypnose befinden, aber trotzdem noch die Augen offenhalten. Solche Menschen warten auf eine direkte Suggestion, dass sie nun die Augen schließen sollen. Dann modifizieren Sie Ihre Suggestion: „Sie schließen jetzt die Augen, wie von selbst, sofort. Mit dem nächsten Atemzug, mit jedem Wort von mir lassen Sie sich immer tiefer und tiefer gleiten, tiefer hinein in eine angenehme Ruhe und Behaglichkeit. Eine wohltuende Müdigkeit breitet sich aus: von den Augen auf ihren Kopf, über die Schultern und Ihren gesamten Oberkörper, bis hin zum Unterkörper und den Beinen. Ihr ganzer Körper wird wohltuend müde und schwer. Alle Muskeln lösen sich, alle Verspannungen verschwinden; und in diesem Zustand erholt sich ihr gesamtes Nervensystem."

Während der Einleitung wird die zu hypnotisierende Person sorgfältig beobachtet und die Suggestionen werden ruhig – und ab und zu leicht abgewandelt – immer wieder wiederholt. Das beschriebene Verfahren der Verbalsuggestion eignet sich besonders gut zum Beseitigen von Schmerzen und wird zum Beispiel beim Zahnarzt/der Zahnärztin eingesetzt.

Achten Sie hier unbedingt darauf, mit Ihren Gedanken nicht abzuschweifen und die Suggestionen nicht automatisch herunterzuspielen. Ihr Klient/Ihre Klientin würde dies bemerken, was zu einer hypnotischen Rückkopplung führen würde - statt sich auf anderen Kommunikationsebenen auszuwirken. Achten Sie am Anfang auch immer darauf, dass Ihrerseits die sogenannte Liedschluss-Suggestion (**Schließen der Augen**) suggeriert wird. Dies ist dann einfach zu kontrollieren und trägt dazu bei, dass sich die Aufmerksamkeit des Hypnotisanden/der Hypnotisandin auf Ihre Stimme richtet.

An dieser Stelle muss der Vollständigkeit halber noch erwähnt werden, dass die Hypnoseeinleitung über Verbalsuggestion in Notfällen auch über das Telefon erfolgen kann. Dabei ist darauf zu achten, dass gerade am Anfang und auch während der Hypnose wiederholt die Suggestion gegeben wird, dass der Hypnotisand/die Hypnotisandin den Telefonhörer fest in der Hand und an seinem/ihrem Ohr hält. So wird gewährleistet, dass kein Rapportverlust eintreten kann.

Ich persönlich empfehle Telefonhypnose allerdings generell nicht und würde sie nur bei Bekannten und im Ausnahmefall durchführen. In keinem Fall würde ich sie als Ersthypnose einsetzen.

Die Fixations- und die Faszinationsmethode

Die Fixationsmethode in Zusammenhang mit der Verbalsuggestion ist wohl das am häufigsten angewendete Verfahren in der Hypnoseeinleitung. Die

Hypnotisieren lernen.

bei der Fixationsmethode auftretenden neuropsychologischen Abläufe sind zwangsläufig und am besten zu beobachten. Auch in vielen Meditationsformen, sei es nun bei den indischen Yogis oder Fakiren, die meist einen Punkt in der Landschaft oder ein Mandala fixieren, wird diese Methode benutzt, um in Trance zu gelangen. Bei der Fixationsmethode in Verbindung mit Fremdhypnose oder Selbsthypnose muss das Fixationsobjekt immer ein im Alltagsleben nicht vorkommender Gegenstand sein, sodass Spontanhypnosen durch Teilreize ausgeschlossen werden können. Aus eigener Erfahrung rate ich Ihnen davon ab, Gegenstände wie Pendel, Stifte, Spiegel oder Ähnliches zur Hypnose zu verwenden. Das geeignetste Objekt zur Fixation ist der Finger des Therapeuten/der Therapeutin. Dennoch sollte auch bei dieser Methode darauf hingewiesen werden, dass sich die Hypnose nur mit dem Finger des Therapeuten/der Therapeutin einleiten lässt.

Die Einleitung über die Fixation verbunden mit der verbalen Hypnose geht folgendermaßen: Nach den

Hypnotisieren lernen.

schon besprochenen Vorbereitungen hält der Hypnotiseur/die Hypnotiseurin einen Finger in ca. 20 bis 30 cm Abstand vor die Augen und 10 cm oberhalb der Nasenwurzel des Hypnotisanden/der Hypnotisandin. Dies kann von vorne oder aber auch vom hinteren Kopfende aus geschehen. Hierbei steht der Hypnotiseur/die Hypnotiseurin hinter der zu hypnotisierenden Person.

Aufforderung: „Bitte sehen Sie nun ganz fest und ohne zu blinzeln auf die Spitze meines Fingers und hören Sie ganz genau auf meine Stimme und auf das, was ich zu Ihnen sage. Konzentrieren Sie sich fest auf die Spitze meines Fingers, halten Sie sie mit den Augen fest und hören Sie auf meine Stimme.“

Bei dieser Vorgehensweise ist darauf zu achten, dass der Hypnotisand/die Hypnotisandin nicht versucht, den Kopf in Richtung Fingerspitze zu bewegen, um damit die Konvergenz der Augen zu umgehen (Ermüdungserscheinungen der Augen). Die Augen des Hypnotisanden/der Hypnotisandin werden weiterhin genau beobachtet, um zeitlich an der richtigen Stelle mit den entsprechenden Suggestionen einzusetzen. Wenn Sie sehen, dass sich die Pupillen weiten, folgt die Aussage: „Jetzt sehen Sie mein Finger immer unschärfer und unschärfer. Es fällt Ihnen immer schwerer, die Spitze meines Fingers anzusehen, während Ihre Augen immer müder und schwerer werden. Dabei hören Sie deutlich, wie ich zu Ihnen spreche. Alles, was ich sage, wird ganz genau so passieren.“

Hypnotisieren lernen.

Sobald Sie das Austrocknen der Bindehäute beobachten, kann sofort folgende Suggestion zur Unterstützung erfolgen: „Jetzt beginnen Ihre Augen leicht zu brennen, immer deutlicher und stärker, dabei fällt es Ihnen immer schwerer, die Augen offenzuhalten. Sie blinzeln immer öfter und können sich nun erlauben, die Augen zu schließen."

Wenn es zum Vibrieren der Augenlider kommt, können Sie folgende Suggestion geben: „Ich sehe ganz deutlich, wie schwer Ihre Augen jetzt schon sind, ganz angenehm schwer und müde sind Ihre Augen. Gleich werden sie zufallen; Sie können sie einfach zufallen lassen, weil es so angenehm ist, die Augen einfach zu schließen." Sollte es nötig sein, im Falle eines Widerstandes, können Sie auch die direkte Suggestion geben: „Sie schließen jetzt die Augen!" Dabei berühren Sie mit Ihrem Finger blitzartig die Stirn des Patienten/der Patientin oberhalb der Nasenwurzel. Eine Vibration der Augenlider und der Augäpfel nach dem erfolgten Liedschluss kann eine Weile anhalten. Geben Sie nach erfolgtem Liedschluss die direkte Suggestion:

„Ihre Augen können jetzt ganz ruhig werden und ruhen sich aus; Ihre Augen sind fest geschlossen und werden immer ruhiger und ruhiger." Bei suggestiven Personen und günstigen Bedingungen kann es sein, dass der Hypnotisand/die Hypnotisandin einige der geschilderten Punkte überspringt oder diese nur kurz erlebt. In solchen Fällen muss natürlich die verbale Begleitung der aktuellen Situation angepasst werden. Nach dem erfolgten Liedschluss kann die Hypnose verbal weiter vertieft werden.

Hypnotisieren lernen.

Die Fazinationsmethode

Der Unterschied zur vorher beschriebenen Fixationsmethode besteht bei der Faszinationsmethode lediglich darin, dass als Fixationspunkt nicht der Finger des Hypnotiseurs/der Hypnotiseurin, sondern sein/ihr Auge zum Einsatz kommt.

Da diese Methode oft von Schaubudenbesitzern und -besitzerinnen angewendet wird, ist sie in therapeutischen Kreisen ein wenig in Verruf geraten. Dabei erfordert diese angestrebte Fixation auch vom Hypnotiseur/der Hypnotiseurin eine beachtliche Leistung. Denn es könnte eine Art Wettstreit entstehen, wer die größere Ausdauer aufbringen und dem Blick der anderen Person standhalten kann.

 Hypnotiseure/Hypnotiseurinnen, die diese Methode anwenden wollen, sollten sich einen starren Blick und große Standhaftigkeit zulegen. Diese Eigenschaften sind durch gewisse Übungen zu erlernen.

Aufgrund einiger Bedenken hinsichtlich dieser Einleitungsmethode halte ich es für richtig, dass diese Methode nur hypnotisierende Menschen anwenden, die sie ohnehin von früheren Hypnosen kennen, weil dann nur noch ein bereits vorhandenes Engramm genutzt werden kann.

Hypnotisieren lernen.

Für die Faszinationsmethode bringen Sie Ihr Auge ca. 40 bis 50 cm über und 10 cm oberhalb der Nasenwurzel des/der (liegenden) Patienten/Patientin in Stellung, zeigen Sie mit dem Finger so darauf, dass die zu hypnotisierende Person weiß, wohin ihr Weg gehen soll. Dann können Sie sie auffordern „Bitte sehen Sie mir jetzt ganz fest in die Augen ohne zu blinzeln. Sehen Sie in mein rechtes Auge, ... usw." – wie schon im Kapitel der Fixationsmethode beschrieben. Wird diese Methode wie erläutert durchgeführt, kommen dieselben psychologischen Wirkmomente wie bei der Fixationsmethode zum Tragen.

Optische Einleitungsverfahren

Eine Kerze als Lichtspiel oder andere optische Reize in Form von kleinen Lampen oder Ähnlichem können ebenso als Hypnoseeinleitung eingesetzt werden. Allerdings ist hier darauf zu achten, dass keine in der Alltagswelt vorkommenden Dinge verwendet werden; schon deshalb ist die Einleitung nur über optische Reize nicht empfehlenswert.

Eine Ausnahme bilden hier Farbtafeln (im Folgenden Hypnosetafeln genannt). Mit deren Hilfe kann eine Hypnose durch Fixation in Verbindung mit Verbalsuggestion eingeleitet werden. Um diese Technik anzuwenden, gibt es verschieden aufgebaute Farbtafeln, die man selbst leicht herstellen kann. Die Tafeln haben eine Größe von DIN-A4 oder DIN-A5. Folgende Grafik soll verdeutlichen, wie solche Farbtafeln aussehen können.

Hypnosetafel

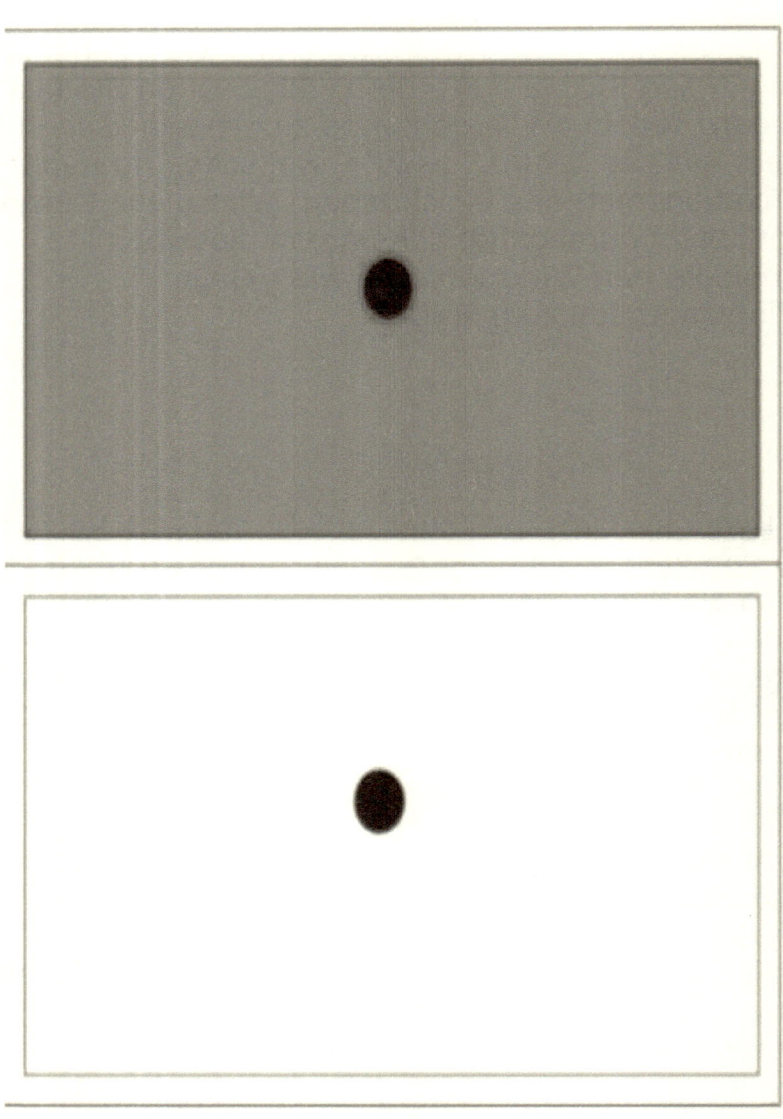

Hypnotisieren lernen.

Fixiert der Hypnotisand/die Hypnotisandin eine solche Tafel, die von ihm/ihr praktischerweise selbst gehalten wird, dann erscheinen ihm/ihr die Farbrechtecke an den Grenzen immer unschärfer. So kommt es zu einer optischen Vermischung beider Farben. Nach anhaltender Fixation (ca. 50 bis 60 Sekunden) werden die Farbrezeptoren des Auges überbeansprucht und ermüden. Dann kommt es zu einer Überlagerung der tatsächlichen Farben. Anstelle der hier gezeigten roten Farbfläche wird dann eine blaue gesehen (Probieren Sie es selbst aus!). Solche physiologischen Vorgänge können als Ansage für die Hypnose verwendet werden.

Die Hypnoseeinleitung mit Hypnosetafeln kann auf folgende Art stattfinden: Geben Sie dem Hypnotisanden/der Hypnotisandin die Hypnosetafel in die Hand und bitten Sie ihn/sie, den schwarzen Punkt auf der roten Fläche zu fixieren. Bitten Sie ihn/sie, diesen schwarzen Punkt fest anzusehen, ohne mit den Augen zu blinzeln. Die zu hypnotisierende Person wird die Farbtafeln so vor ihren Augen halten, dass sie sie optimal ansehen kann. Dabei können Sie sich als Hypnotiseur/Hypnotiseurin diesen Abstand gleich für eine spätere Fixation mit dem Finger merken.

Nach 50 bis 60 Sekunden bitten Sie den Hypnotisanden/die Hypnotisandin, auf den unteren schwarzen Punkt der Farbtafeln zu blicken. Begleiten Sie dies mit der Aussage, dass nun gleich auf dieser weißen Fläche ein leuchtend blaues Feld erscheinen wird. Bis dieses blaue Feld auftaucht, dauert es etwa ein bis zwei Sekunden; es wird vom Hypnotisanden/der Hypnotisandin meist mit einer Bemerkung oder einem Kopfnicken bestätigt.

Hypnotisieren lernen.

Im Anschluss daran können Sie die Aussage treffen: „Nun sehen Sie, dass alles, was ich Ihnen ankündige, genau eintrifft. Ebenso können Sie gleich spüren, wie Ihre Augen schwer und müde werden, immer schwerer und immer müder; so, dass Ihre Augen ganz von selbst zufallen, weil sie schwer und müde sind".

Aus eigener Erfahrung weiß ich, dass es immer wieder Hypnotisanden/Hypnotisandinnen gibt, denen dieser Nachbildeffekt bekannt ist. Ihnen erkläre ich dann immer, dass ich diesen physiologischen Effekt zur Einleitung der Hypnose nutze, da er schneller zur Ermüdung des Auges führt. Ein Bild der Hypnosetafel gibt es hier zum Download: https://wegweiser-pinzgau.at/sdm_downloads/hypnosetafel/, Password: 471200@Hypnose.

Haptische Einleitungsverfahren

Einleitend eine kurze Definition zur haptischen Wahrnehmung: „Haptik" kommt aus dem Griechischen (*haptos, haptikos*) und steht für „fühlbar", „zum Berühren geeignet".

Das haptische Verfahren ist die Hypnoseeinleitung unter Nutzung des Tastsinns. Auch die mesmerischen Striche, die nur in geringem Abstand vom Körper durchgeführt werden, gehören für mich zu diesem Verfahren. Einige Kollegen und Kolleginnen meinen zwar, dass diesem Verfahren nur noch geschichtliche Bedeutung zukommt, ich hingegen verwende es öfter, um zu hypnotisierende Personen in einen ruhigen Zustand zu versetzen.

Es gilt als erwiesen, dass von den Händen eine gewisse Strahlung ausgeht (wie auch immer man diese nennen mag). Da wir wissen, dass jeder monotone Dauerreiz zu einer hypnotischen Umschaltung führen kann, gehören für mich auch die mesmerischen Striche dazu. Diese Vorgehensweise mag zwar etwas okkult anmuten, doch sie funktioniert hervorragend.

Hierbei werden die Hände in einem Abstand von 2 bis 3 cm zum Körper des Hypnotisanden/der Hypnotisandin beginnend am Scheitel über den Körper bis hin zu den Knien geführt. Dieses Streichen von oben nach unten geschieht mehrere Male – verlassen Sie sich dabei auf Ihren Instinkt. Die Handinnenflächen sind dabei dem Körper des Hypnotisanden/der Hypnotisandin zugewandt. Die rechte Hand sollte dabei die linke Körperseite, die linke Hand die rechte Körperseite bestreichen.

Man kann hier auch die mittleren Striche einsetzen, die zu Vertiefung des Hypnosezustandes führen. Diese Striche führen vom Scheitel bis zum Brustkorb. Des Weiteren gibt es auch noch die kleinen Striche vom Scheitel bis zum Hals, auch diese vertiefen den hypnotischen Zustand.

Die Rückführung aus dem auf diese Weise erreichten hypnotischen Zustand geschieht in umgekehrter Reihenfolge, das heißt, mit Strichen von unten nach oben – und mit dem Querstreichen über den Körper.

Zu den haptischen Einleitungsverfahren gehören auch die sogenannte Katalepsie-Suggestion und die Durchblutungssuggestion. Bei der Katalepsie-Suggestion kann zum Beispiel folgendermaßen vorgegangen werden: „Ihr linker Arm wird jetzt immer schwerer und schwerer (mit diesen Worten streicht man von oben nach unten, beginnend an der Schulter und endend an den Fingerspitzen); und immer mehr spüren Sie, dass Ihr Arm mit jedem Streichen immer schwerer und schwerer wird. Jedes Streichen über Ihren Arm lässt Ihren Arm immer schwerer und schwerer werden, ganz angenehm schwer; so schwer, dass Sie Ihn kaum noch bewegen können. Je stärker Sie versuchen, Ihren

Arm zu heben, desto schwerer wird er – immer schwerer und schwerer".

Durchblutungssuggestion: „Ihr Magen wird jetzt strömend warm, Ihr Magen wird mehr und mehr durchblutet. Ich lege jetzt meine Hand auf Ihre Magengegend, um die Durchblutung noch weiter zu steigern. Ganz deutlich spüren Sie die intensive Wärme, die von meiner Hand ausgeht. Durch diese intensive Wärme lösen sich alle Verspannungen und Ihr Magen wird immer wärmer und wärmer, ganz angenehm warm". Diese Suggestion ist natürlich nicht als Hypnoseeinleitung zu sehen, sondern kann bei leichtem Unwohlsein in der Magengegend verwendet werden.

Bei solchen Einleitungsverfahren oder Suggestionen muss die Wirkung, die nicht über die Hypnosesitzung hinaus anhalten soll, wieder rückgängig gemacht werden. Dies funktioniert zum Beispiel so: „Ich streiche nun von unten nach oben über Ihren linken (rechten) Arm. Mit jedem Strich über Ihren Arm von unten nach oben wird der Arm wieder leichter und leichter, bis er das Gefühl des normalen Körpergewichts wieder erreicht hat. Der Arm wird jetzt wieder ganz normal leicht, Sie können ihn gut bewegen, Ihr Arm ist nun wieder ganz normal leicht und hat die volle Beweglichkeit".

Hypnotisieren lernen.

Meditationsanleitung

Für die Meditationsanleitung benötigen Sie etwas, auf das sie während der Meditation Ihre Aufmerksamkeit richten können. Ich empfehle Ihnen, sich auf ein Wort oder eine Wortfolge zu

konzentrieren. Dieses Wort oder diese Wortfolge muss nicht zwingend einen Sinn ergeben. Sie werden bemerken, dass Ihre Gedanken kommen und gehen. Manche Menschen beschreiben das als ein Gefühl von Watte im Kopf.

Wählen Sie eine Wortfolge, die Sie immer wieder im Geist wiederholen oder auch laut aussprechen. So eine Wortfolge könnte „ich bin frei und glücklich" sein. Wenn Sie wollen, können Sie auch eine geführte Meditation auf CD anhören, so wird es Ihnen am Anfang leichter fallen, sich zu entspannen.

Besser ist es allerdings, wenn Sie der Tradition folgen, in der die Mantren keine Bedeutung haben, weil es

Aneinanderreihungen von Wortsilben sind. Diese Wortsilben sollen den Geist leer machen und reinigen. Ein Beispiel dafür wäre „So Ham". Dieses Mantra stammt aus dem indischen Sprachgebrauch und bedeutet übersetzt etwa so viel wie „ich bin". Das bekannte „Om Namah Shivaya" bedeutet etwa „ich verneige mich vor Shiva". Shiva ist die Göttin der Heilung.

Hier einige traditionelle Mantren: Ing, im, Inga, Imma, aing, Aim, Ainga, Aima, Schiring, Schirim, Kiring, Kirim, Mieten, Hirim, Schiam, Schiama.

Weiche Laute mit a, ng usw. wirken beruhigender als harte, spitze Laute wie i und r. Letztere helfen z. B. depressiv veranlagten Menschen oder Menschen mit eher gemäßigtem Charakter.

Die Meditationshaltung

Meditation in der Natur: Es ist wichtig, eine Meditationsstellung für die Meditationsanleitung zu finden, in der Sie über einen längeren Zeitraum verharren Können. Auch das Sitzen auf einem Stuhl ist möglich, es muss nicht immer der als Schneidersitz bekannte Meditationssitz sein. Die Stellung soll einerseits bequem sein, andererseits soll sie Sie daran hindern, einzuschlafen. Ob eine Stellung für Sie angenehm ist, hängt vom Faktor Zeit ab, denn jede Stellung wird nach einer Weile unangenehm, weil Körper und Geist sich erst an ein längeres bewegungsloses Sitzen gewöhnen müssen.

Hypnotisieren lernen.

Der Meditationssitz

Der Meditationssitz für die Meditationsanleitung während der Meditation wird eingeübt. Legen Sie für sich eine bestimmte Zeit fest, in der Sie sich regungslos hinsetzen. Nach einer Weile werden Sie bemerken, dass es Sie juckt oder sticht oder andere Unannehmlichkeiten auftreten. Das ist normal und bedeutet nur, dass sich der Körper erst in dieser Stellung eingewöhnen muss – wechseln Sie bitte nicht die Stellung! Denn egal, welche neue Stellung Sie für die Meditation wählen, die Unannehmlichkeiten werden wieder auftreten. Erst, wenn sich alle Muskeln und Sehnen gelockert haben, hören diese auf.

Der Wunsch, durch Meditation lediglich mehr Ruhe und innere Gelassenheit zu erreichen, ist natürlich ebenso

legitim wie der Wunsch nach geistiger Reinheit und großer Entwicklung. Tatsächlich ist es durchaus möglich, durch Anleitungen und Fachliteratur einen eigenen Einstieg in die Meditation zu finden. Jedoch unterschätzen viele Einsteiger und Einsteigerinnen die Effekte des Trainings auf den Körper und vor allem auf die Psyche. In der Tat konnten durch unterschiedliche Forschungen die positiven Effekte der Meditation vor allem für das Gehirn festgestellt werden. Durch regelmäßige Meditation ist es also durchaus möglich, mehr Gelassenheit und innere Ruhe zu entwickeln.

Tatsächlich handelt es sich bei der Meditation um eine bewusste Form der Konzentration. Sie dient dazu, Geist und Körper zu vereinen und zu stärken. Dabei kennen wir sowohl christliche als auch fernöstliche Traditionen der Meditation. Ihnen gleich ist ein möglicher, doch nicht zwingender, religiöser Bezug, jedoch steht der Mensch Kraft seiner individuellen geistigen Eigenschaften im Mittelpunkt der Bemühungen. Es soll durch Meditation versucht werden, Einfluss und Kontrolle auf die eigenen Empfindungen und geistigen Zustände zu nehmen. Entspannung und Beruhigung sind dabei nur zwei Möglichkeiten neben anderen, möglichen und erreichbaren Bewusstseinszuständen. In der Tat wird durch Meditation auch versucht, das Bewusstsein zu erweitern und durch neue Erfahrungen zu vergrößern.

Die meisten Menschen bevorzugen beim Kauf ihres Meditationskissens eine runde üppige Form mit einem weichen, behaglichen, aber nicht zu weichen Füllungsmaterial. In der Regel bleibt ein solches Kissen schließlich im Umkreis eines bestimmten Radius, entweder zuhause oder im Meditationsraum. Wenn das Kissen also nicht andauernd umständlich bewegt werden muss, kann sich eine schwere und solide Ausführung durchaus als sinnvoll erweisen. Wenn allerdings schon der Weg zum Meditationstraining zur

Herausforderung wird, sollte eine praktische Alternative in Betracht gezogen werden.

Eine Auswahl an **Meditationskissen** (**https://amzn.to/2XZYJzZ**) findest du, wenn du dem Link folgst.

Fazit der Meditationsanleitung

Meditation soll einfach sein. Manche machen es sich viel zu schwer, indem sie sich selbst beobachten und alles richtig machen wollen. Es gibt jedoch nichts, was Sie falsch machen können, darum geht es bei der Meditation nicht. Auftretende Erscheinungen wie leichte Müdigkeit sind normal. Eigentlich kann man Meditation auf folgende Punkte reduzieren:

1. Bequem Hinsetzen ohne einzuschlafen
2. Nicht sprechen/ruhig verhalten
3. Ein Mantra vor sich hinsagen oder einfach auf die Atmung achten
4. Alles andere kommt von selbst!

Entspannen mit Fantasiereisen

Fantasiereisen Sofortwirkung

⇒ Reduzierung des Stressgefühls, mentales Abschalten

⇒ Der Kopf und die Gedanken kommen zur Ruhe

⇒ Du fühlst dich nach etwa 10 bis 30 Minuten gestärkt und entspannt

⇒ Lösung von Verspannungen und Spannungskopfschmerzen

⇒ Verlangsamung des Herzschlags und Senkung des Blutdrucks

⇒ Entspannung der Muskulatur

⇒ Ausgeglichenheit

⇒ Subjektives Wohlbefinden, du fühlst dich außerordentlich erfrischt und verjüngt

Langzeitwirkungen von geführten Meditationen

Im Laufe der Zeit können Sie für sich beruhigt erkennen, dass es möglich ist, Körper, Geist und Seele harmonisch in Einklang zu bringen. Sie können auch feststellen, dass Sie über viel mehr Ressourcen verfügen, als Sie gedacht haben. Sie können Ihre verborgenen Stärken finden und nutzen. So übernehmen Sie auf eine ganz neue Art Verantwortung für den eigenen Körper und sein Wohlbefinden.

Fantasiereisen fördern die Kreativität, die Lernbereitschaft und das Selbstbewusstsein und lindern psychische Belastungen wie Stress, Überarbeitung, Reizüberflutung etc.

Fantasiereisen für Kinder haben einen hohen Entspannungswert, sie können dadurch auch die schulischen Leistungen verbessern. Es kann dabei aber auch der spielerische Umgang mit Konflikten und Problemen geübt werden (nicht nur bei Kindern).

Hypnotisieren lernen.

Fantasiereise geschenkt

Als Bonus bekommen Sie von mir eine Fantasiereise im MP3-Format geschenkt. Ich habe diese Fantasiereise im Tonstudio aufgenommen. Wenn Sie die Reise anhören, haben Sie auch gleich Gelegenheit festzustellen, wie sich hypnotische Sprachmuster anwenden lassen. Somit bietet sich Ihnen ein Beispiel, wie Sie Hypnose anwenden können. Gleichzeitig gestatte ich Ihnen, diese MP3-Datei auch bei Ihren eigenen Klienten und Klientinnen, Freunden und Freundinnen und Verwandten einzusetzen.

Die Fantasiereise hat den Titel „Die Reise zum goldenen Zauberstab" und ist eine einfache Entspannungsreise mit dem Ziel, Ihnen die möglichen Wege aufzuzeigen, die das Leben verändern können. Am Ende der Reise erhalten Sie Ihren ganz persönlichen Zauberstab, mit dem Sie alles verändern können.

Folgen Sie dem **Link** https://wegweiser-pinzgau.at/sdm_downloads/die-reise-zum-goldenen-zauberstab/ und holen Sie sich Ihren ganz persönlichen Bonus. Das Passwort für die Seite lautet 471200@Hypnose.

Hypnotisieren lernen.

Der Gedanke als Heilmittel

Innere Ruhe, eine positive Einstellung zum Leben und eine Art heitere Gelassenheit sind vielen Menschen in unserer westlichen Welt verloren gegangen.

Viele Menschen haben vergessen, was für eine ungeheure Macht unsere Gedanken haben. Mit der Kraft unserer Gedanken bestimmen wir nicht nur über Gesundheit oder Krankheit, die Gedanken sind auch unser Schicksal. Es obliegt unserer Entscheidung, ob wir diese Macht zu unserem Nutzen oder Schaden einsetzen. Im Wesentlichen beruht unser Schicksal auf unseren Gedanken.

Die Kraft der Gedanken macht es Ihnen möglich, Ihre Gesundheit zu festigen und zu erhalten oder eine Krankheit besiegen zu können. Sie schafft es, dass Sie erschaffen, was Sie wirklich wollen – Liebe, Erfüllung, Freude, befriedigende Beziehungen, lohnende Arbeit, Selbstverwirklichung, Wohlstand, Steigerung von Schulleistungen, Schönheit, inneren Frieden und Harmonie.

Die folgenden Kapitel wollen sich als Ratgeber für Menschen verstanden wissen, die ihr Leben selbst in die Hand nehmen wollen. Sie finden hier einfache Techniken, die es jeder Person ermöglichen, sich selbst zu heilen.

Der geistige Entspannungsort

Vielen von Ihnen ist wahrscheinlich bekannt, dass wir nur etwa zwanzig Prozent unserer geistigen Kapazität nutzen. Die restlichen achtzig Prozent bleiben ein ganzes Leben lang ungenutzt. In diesem Teil des Buches sollen Sie nun einen Weg kennenlernen, der Ihnen zeigen soll, wie Sie einen großen Teil Ihrer bisher ungenutzten geistigen Kapazität nutzen können.

Sie schaffen für sich einen geistigen Entspannungsort. Dieser Ort kann tatsächlich irgendwo auf der Welt existieren oder auch nur in Ihrer Fantasie bestehen. Wichtig dabei ist, dass es ein Ort des Friedens und der Harmonie ist und Sie sich an diesem Ort sehr wohl fühlen. Sollten Sie so einen Ort kennen (vielleicht aus dem Urlaub), dann machen Sie diesen Ort zu Ihrem geistigen Entspannungsort, zu Ihrer Quelle der Kraft. Dieser Ort sollte alles haben, was Sie lieben (Meer, Gebirge, Blumen, Tiere usw.). Sollte es Ihnen nicht möglich sein, so einen Ort zu finden, dann habe ich für Sie eine Traumreise vorbereitet, die Sie sich von einem guten Freund oder von Ihrem Partner/Ihrer Partnerin vorlesen lassen können. Schaffen Sie sich hierfür etwas Atmosphäre, ein paar Kerzen, etwas entspannende Musik; legen Sie sich auf den Rücken, die Beine sollten dabei ausgestreckt nebeneinander liegen und die Arme seitlich am Körper.

Hypnotisieren lernen.

Zu beachten ist hierbei, dass diese Traumreise langsam mit einer Stimme vorgelesen wird, als ob Sie eine Geschichte erzählen wollen. An den mit Punkten gekennzeichneten Stellen ist eine Pause von ca. 5 bis 10 Sekunden einzuhalten (*So – Ham bedeutet „Ich bin" und stammt aus der indischen Meditation.).

Quelle der Kraft

Schön, dass du dich zur Meditation mit mir einfindest, du hast dir einen schönen Platz gesucht, du liegst oder sitzt in deiner Meditationshaltung … du kannst dich ganz sicher fühlen, ganz geborgen. Wenn dein Geist jetzt mit mir eine Reise macht, bleibt dein Körper hier, dein Körper ist dabei jeder Zeit in der Lage zu reagieren, wenn etwas Unvorhergesehenes geschehen sollte.

Während du jetzt auf meine Stimme gehört hast … können sich deine Augen allmählich geschlossen haben oder sie schließen sich jetzt, und es spielt auch keine Rolle, wenn sie sich etwas später schließen.

Heute möchtest du mit mir eine Reise zur Quelle der Kraft machen … Atme einen Moment das Mantra *So Ham … Einatmen … So … Ausatmen Ham …*
bis du meine Stimme wieder hörst … (Musik laufen lassen).

In dir und um dich herum ist totale Harmonie, du kannst dich ganz ruhig und wohl fühlen, so, als wenn ich neben dir säße; ganz allmählich, und während du So Ham atmest, kommst du in dein Gleichgewicht …

Hypnotisieren lernen.

Und du beginnst, dich ruhiger und wohler zu fühlen …
ruhiger und wohler. Ganz egal, was du vorher getan
hast, welche Vorstellungen und Gedanken dich auch
immer erfüllt haben, sie sind jetzt dort, wo du meine
Stimme hörst … weit … weg.
Ich möchte dich jetzt bitten, dir vorzustellen, du hättest
ein Buch vor dir liegen, ein besonderes Buch mit
besonders schönem Papier; und vielleicht kannst du das
Papier mit deinen Händen fühlen; es ist sehr wertvoll …
und wenn du das Buch jetzt aufschlägst, dann siehst
du, dass auf diesem Papier, das einen leichten
gelblichen Schimmer hat, nichts geschrieben steht.
Vielleicht riechst du den Geruch des Papiers, den
Geruch des Einbandes, und jetzt schlägst du eine der
Doppelseiten auf. Dort ist auch ein Stift und du
schreibst in die erste Zeile oben links deinen Namen.
Sieh dir an, wie du deinen Namen geschrieben hast, in
welcher Farbe, wie groß, in welcher Schriftform.
Nachdem du dir das ganz genau angesehen hast,
schreibst du auf die rechte Seite. Und auf die linke Seite
schreibst du wieder deinen Namen und dann auf die
rechte Seite und wieder auf die linke Seite schreibst du
deinen Namen … Und rechts … und auf die linke Seite
deinen Namen … und rechts … und links und rechts. So
gehst du Zeile für Zeile tiefer … und links und rechts …
und links und rechts … und links … und rechts … und
links … und rechts … So Ham … So Ham … So Ham.
Eine angenehme Schwere ist nun in deinen Armen …
oder sind sie leicht? Dein Körper ruht auf der Unterlage
… ± und links und rechts … und du lässt mehr und mehr
los … und während du so daliegst, möchte ich, dass du
dir vorstellst, du könntest wie damals in deiner Jugend
einen Teppich herbeizaubern, einen Zauberteppich.

Hypnotisieren lernen.

Und du sitzt oder liegst auf diesem Teppich ... und der Teppich beginnt sich zu heben und es gibt einen Ausgang ... und du gleitest hinaus ... und der Teppich gefällt dir ... und du hast Vertrauen ... und der Teppich steigt mit dir höher und höher hinauf ... und schau dich um, es begleiten dich die Vögel und die Wolken, vielleicht auch ein Flugzeug. Und dort hinten ... dort hinten gibt es eine kleine weiße Wolke ... und du gleitest auf diese Wolke zu ... und wenn du jetzt hinunter schaust, siehst du das Wasser. Es ist wunderbar blaues Wasser mit weißen Schaumkronen ... und dort, wo die Wolke ist, gibt es eine Insel ... und es ist so ... du magst dort landen. Und während du es dir vorstellst, gleitet der Teppich nach unten ... und du erreichst den Strand ... hier kannst du den Teppich verlassen ... hellgelber, fast weißer, feiner Sand unter deinen Füßen ... dort in der Ferne gibt es Berge, grüne Landschaft ... und du fühlst dich ... dort hinten eine Oase ... und du spürst den Sand unter deinen Füßen, er ist weich ... und du gehst den Strand entlang, du atmest die Luft, und du kannst den Wind auf deiner Haut Spüren ... den Geruch des Wassers wahrnehmen ... und du entschließt dich dazu an die Wassergrenze zu gehen ... und du spürst das Wasser an deinen Füßen. Es umspielt dich ganz sanft ... so weich und warm ... und du gehst am Strand entlang ... und dort vorne, dort siehst du einen Felsen, der bis an das Wasser heranreicht ... und als du näherkommst, siehst du diese Tür ... und du willst hineingehen ... und du gehst hinein und stehst in einer Halle. Dort hinten gibt es einen Gang ... und dieser Gang geht leicht und sanft abwärts ... und du gehst abwärts, der Neigung folgend. Am Ende des Ganges gibt es eine Tür ... und du weißt, hinter dieser Tür ist die Quelle der Kraft ... dort kannst du den Dingen begegnen, die du schon so lange gesucht hast. Irgendwo ist der Schlüssel ... und du findest den Schlüssel, du öffnest die Tür ... und es gibt sieben Stufen ... und du gehst sie hinab: 7, 6, 5, 4, 3, 2, 1 ... der Beginn eines Weges in einen wunderschönen

Hypnotisieren lernen.

Garten. Links und rechts des Weges siehst du Ereignisse, die dir schon immer geholfen haben, Gelegenheiten ... wie Bilder oder kurze Szenen ... in denen dir gelungen ist, was dir gelingen muss ... unerwartete Hilfe ... viele Gelegenheiten ... in denen unerwartet Hilfe entstand. Plötzlich endet der Weg und vor dir ist ein Raum, eine Lichtung, ein Platz ... die Quelle deiner Kraft, mag es ein Licht sein, ein Wasser, das fließt. Das Symbol ist dort ... und es wird stärker und stärker ... vielleicht sitzt dort ein weiser Mensch ... . (Musik 60 Sek. lauter) .... Die Kraft ist da. Kommt sie aus dem Licht oder dem Rauschen des Wassers, ist dort dein Meister, dein innerer Meister ... die Quelle deiner Kraft. Spüre jetzt auf eine besondere Weise, wie du die Kraft aufnimmst, dein Körper kann schwerer oder leichter werden, tiefer sinken, sich wohlfühlen ... und die Energie ist da ... sie umgibt dich ... die Kraft ist da ... sie erfüllt dich. Was immer du jetzt benötigst ... es ist hier, in der Quelle deiner Kraft ... Schwingungen, Lichter, Farben und Töne ... eins sein. ....(Musik lauter 60 Sek.) Du bist die Schwingung, du bist die Kraft ... alles, was dich umgibt, ist eins miteinander. Du bist eins und die Fähigkeiten sind da. Gleite noch tiefer und weiter. .... (Musik lauter 120 Sek.) Du bist bereit, du bist offen ... wenn du ganz erfüllt bist von dieser Energie, wenn du weißt, dass dir die Dinge gelingen, die du dir vorgenommen hast ... du weißt, die Dinge sind da ... du bist voller Harmonie ... erfüllt von den Schwingungen der Glückseligkeit. Das Gelingen ist in dir ... und jetzt kannst du dich bereit machen zurückzukehren. Du verlässt die Quelle der Kraft, und während du den Weg zurückgehst, durch diesen wunderschönen Garten, kannst du wieder rechts und links von dir die Bilder sehen. Szenen, Formen, so sieht es aus, nachdem dir die Dinge gelungen sind. Es ist jetzt, als wenn du durch eine wunderschöne Zukunft

Hypnotisieren lernen.

gehst. Sie haben sich gelöst, die Signale des Erfolgs ... die Bilder deines Erfolges ... die Dinge, die du mit deiner Kraft erreicht hast. Dort sind die Stufen und du schreitest aufwärts ... durch den Gang ... dort ist die Halle, die Tür ... und du gehst hinaus. Schließe die Tür hinter dir und verstecke den Schlüssel, sodass nur du ihn wieder finden kannst. Es ist der Eingang zu deiner Quelle der Kraft ... unter den Füßen spürst du wieder den Sand ... jetzt das Wasser ... dort liegt dein Teppich. Du legst oder setzt dich darauf und der Teppich steigt mit dir auf ... hoch über das Wasser ... von deiner Insel siehst du jetzt nur noch die weiße Wolke ... aber du weißt, du kannst zurückkehren an diesen Ort ... und du bist zurück in deinem Raum ... und du fühlst deinen Körper, die Schwere, die Leichtigkeit ... und alles ist so gut, und du bist bereit, es zu tun. Während ich von 1 bis 7 zähle, atmest du tief ein und aus und spätestens, wenn ich die Zahl 7 sage, öffnest du die Augen, reckst und streckst dich und bist ganz im Hier und Jetzt – bis wir uns wiedersehen bei deiner nächsten Reise oder einer wunderschönen Meditation ... 1 ... 2, bewege deine Hände ... 3, bewege deine Füße ... 4, einatmen und ausatmen, bewusst ... 5, recken und strecken; etwas Wunderbares erwartet dich nun ... 6, es ist schön zu leben ... 7, du öffnest die Augen und bist ganz im Hier und Jetzt, jetzt.

Hypnotisieren lernen.

Für Kinder und Jugendliche

Hier möchte ich noch einen Weg zum geistigen Entspannungsort zeigen, der besonders für Kinder und Jugendliche geeignet ist. (* ... bedeutet drei Sekunden Pause).

Die sieben Stufen

Ich möchte dich nun bitten dir vorzustellen, du stehst auf der Terrasse eines Hauses und vor dir führen sieben Stufen hinunter in einen wunderschönen Garten ... Du atmest ganz tief die reine Luft ein und entschließt dich, ganz langsam diese sieben Stufen hinunter zu gehen.

Du stehst ganz oben auf der siebten Stufe, und ganz nah bei dir steht ein großes violettes Stiefmütterchen ... Es duftet kaum und es hat eine wunderschöne Farbe und Blätter so weich wie Samt. Du kannst langsam über die samtweichen Blätter streichen, dabei kannst du spüren, dass du ganz ruhig wirst, und du kannst dich ganz wohl fühlen ...

Und du atmest ganz tief ein ... während du nun ausatmest, gehst du hinunter zur sechsten Stufe. Hier findest du einen Strauch mit herrlichem lila Flieder ... Du kannst riechen, wie der Flieder duftet, vielleicht kannst du ihn berühren und seine Blüten fühlen, dabei gehst du ganz dicht an ihn heran und du kannst das herrliche Lila der Blüten noch deutlicher vor dir sehen ... und dabei kannst du ganz glücklich werden ...

Hypnotisieren lernen.

Du kannst jetzt wieder ganz tief einatmen und während du ausatmest, gehst du ganz ruhig auf die fünfte Stufe ... auf dieser Stufe blüht eine wunderschöne, große blaue Blume ... du kannst dich ganz dicht über diese Blume beugen, um ihre Blätter zu berühren und ihren tollen Duft zu riechen ... und während du dir das herrliche Blau dieser Blume ansiehst, kannst du bemerken, wie all deine Probleme von dir abfallen und du dich ganz wohl fühlst ...

Nun kannst du wieder ganz tief einatmen, und während du ausatmest, gehst du ganz ruhig auf die vierte Stufe ... dort steht ein schöner Tannenbaum ... etwas vorsichtig streichst du mit deinen Händen über die Nadeln und ganz deutlich kannst du das kräftige Grün sehen ... du riechst den starken Duft des Baumes und bist ganz heiter und gelöst ...

Wieder atmest du ganz tief ein und mit dem Ausatmen gehst du auf die dritte Stufe ... dort liegt eine große gelbe Banane und deutlich kannst du diesen ganz anderen Duft wahrnehmen ... vielleicht kannst du die glatte Schale der Banane fühlen ... die Banane hat eine leuchtend gelbe Farbe, die du deutlich sehen kannst ... du kannst jetzt ganz ruhig und zufrieden sein, eine wunderbare Ruhe umgibt dich ...

Dann atmest du wieder ganz tief ein, und während du ausatmest, gehst du auf die zweite Stufe ... dort kann eine große Orange liegen, sieh sie dir aus der Nähe an, vielleicht kannst du ihren köstlichen Duft riechen ... und dabei spürst du, wie du immer ruhiger und ruhiger wirst ...

Hypnotisieren lernen.

Und noch einmal atmest du ganz tief ein, und während du ausatmest, gehst du auf die letzte Stufe ... auf dieser Stufe liegt eine große rote Tomate, und vielleicht ist es dir möglich, diese Tomate in die Hand zu nehmen ... du kannst ihre glatte Haut spüren ... dabei bemerkst du, dass du nun ganz ruhig und gelassen geworden bist ...

Und wenn du nun nach vorne schaust, siehst du vor dir einen wunderschönen Park ... und du gehst den letzten Schritt hinunter und du stehst in diesem wunderschönen Park ... dort kann alles so sein, wie du es dir immer vorgestellt hast ... vielleicht ist dort ein See, in dem du baden kannst ... Berge, auf die du klettern kannst ... hier kannst du frei bestimmen, und alles was du dir wünscht, kann Wirklichkeit werden ... du kannst dir nun ein Plätzchen in deinem Park suchen und dich ein wenig ausruhen ... (drei Minuten Pause).

Und wenn du dich nun etwas ausgeruht hast, kannst du deinen Park wieder verlassen, du weißt nun, dass du jeden Tag wiederkommen kannst, und du gehst zurück zu dieser Treppe und steigst die Stufen wieder nach oben, vorbei an der roten Tomate ... an der Orange ... an der gelben Banane ... an dem grünen Tannenbaum ... an der blauen Blume ... an dem lila Flieder ... und weiter nach oben, vorbei an dem violetten Stiefmütterchen, bis du wieder auf der Terrasse des Hauses stehst – und mit deiner Aufmerksamkeit zurückkommst ins Hier und Jetzt. Du bewegst deine Arme und Beine, du reckst und streckst dich und bist ganz erholt zurück bei mir, im Hier und Jetzt, jetzt.

Was sind Affirmationen?

Affirmationen sind „bejahende Aussagen". Sie sind ein sehr mächtiges Werkzeug, da das Unterbewusstsein zwischen Wirklichkeit und Gedanken nicht unterscheiden kann. Sie können Ihren Geist damit positiv beeinflussen und eine vollkommene Gesundheit erreichen. Gehen Sie an Ihren geistigen Entspannungsort, lassen Sie sich folgende Affirmationen beim ersten Mal vorlesen und wiederholen Sie diese selbst laut oder im Geist. Sprechen Sie die Affirmationen später für sich auf Ihr Handy.

1.   Ich bin frei und gesund. Ich kann nun ohne Krankheit leben.
2.   Ich strotze vor Gesundheit und bin voller Energie.
3.   Ich liebe meinen Körper und nehme ihn voll und ganz an.
4.   Ich bin gut zu meinem Körper und mein Körper ist gut zu mir.
5.   Ich bin voller Energie und Lebenslust.
6.   Ich werde immer gesünder und gesünder, schöner und lebendiger.

Sie haben sich nun mit dem Weg zu Ihrem geistigen Entspannungsort vertraut gemacht. Es ist sehr wichtig, dass Sie den Weg zu Ihrem geistigen Entspannungsort täglich trainieren.
Wenn es Ihnen möglich ist, sprechen Sie sich den Text auf Ihr Handy, denn nur regelmäßiges Üben bringt Sie an das gewünschte Ziel.

Hypnotisieren lernen.

Die „Spiegeltechnik"

An dieser Stelle möchte ich Sie mit einer hochwirksamen Technik vertraut machen. Bei richtiger Anwendung dieser Technik wird sie viele Ihrer Probleme lösen. Sie können mit dieser Technik lästige Angewohnheiten ablegen, das Rauchen aufgeben, die Einstellung Ihnen selbst oder Ihren Mitmenschen gegenüber ändern, Ängste ablegen und sogar Allergien beseitigen.

Um diese Technik anzuwenden, begeben Sie sich bitte an Ihren geistigen Entspannungsort. Suchen Sie sich dort ein Plätzchen, an dem Sie zwei Spiegel aufstellen können.

- ☐ Der eine Spiegel hat einen schwarzen Rahmen.
- ☐ Der andere Spiegel hat einen weißen Rahmen.

Wählen Sie den Platz für Ihre Spiegel bitte so aus, dass Sie diese zu jeder Zeit sehen können, wenn Sie Ihren Entspannungsort aufsuchen. Festigen Sie das Bild von diesen beiden Spiegeln so lange, bis Sie sie ganz klar und deutlich vor sich sehen können. Das gilt insbesondere für die beiden Rahmen, die die Spiegel umgeben (schwarz und weiß).

Nehmen Sie nun einen wasserfesten Stift und schreiben Sie auf den Spiegel mit dem schwarzen Rahmen jenes Verhalten, das oder jene Eigenschaft, die Sie ändern möchten, z. B. „Ich habe Hemmungen eine Frau anzusprechen".

- ☐ Ich habe Angst eine Frau anzusprechen.
- ☐ Ich könnte abgewiesen werden.
- ☐ Es klappt sowieso nicht.
- ☐ Ich bin immer allein.

Hypnotisieren lernen.

- ☐ Ich traue mich nicht.
- ☐ Ich könnte versagen.
- ☐ Es hat noch nie funktioniert.

Notieren Sie mit dem wasserfesten Stift alle negativen Verhaltensmuster auf dem Spiegel mit dem schwarzen Rand, sodass Sie die Worte, die sie schreiben, deutlich vor Ihrem geistigen Auge sehen können. Treten Sie nun ein paar Schritte von dem Spiegel zurück und lesen Sie noch einmal, was sie geschrieben haben.

Jetzt kommt etwas sehr Wichtiges:
Je größer und spürbarer Ihre Emotionen sind, desto größer wird Ihr Erfolg sein!
Entwickeln Sie Emotionen gegenüber dem Geschriebenen – verspüren Sie große Wut, Hass, Abneigung, Zorn, Trauer. Wie ist das Gefühl, immer wieder abgelehnt zu werden? ....
Nehmen Sie jetzt einen Vorschlaghammer, den Sie an Ihrem Entspannungsort ganz in der Nähe der Spiegel finden werden, und zerschlagen Sie voller Wut den Spiegel. Zertreten Sie die Scherben mit den Füßen!
Holen Sie sich etwas, um die Scherben zusammenzukehren, schütten Sie die Scherben in ein dafür vorgesehenes Behältnis.
Setzen Sie sich einen Moment hin, um auszuruhen und Ihren Zorn abkühlen zu lassen ....

Wenden Sie sich nun dem Spiegel mit dem weißen Rand zu. Schreiben Sie auf den Spiegel, wie die Zukunft sein soll. Beispielswese:

- ☐ Es ist leicht, eine Frau anzusprechen.
- ☐ Ich werde angenommen.
- ☐ Ich habe Erfolg.
- ☐ Es funktioniert.
- ☐ Ich lerne eine tolle Frau kennen.
- ☐ Ich bin dabei ganz ruhig und gelassen.

Hypnotisieren lernen.

☐   Mein Selbstbewusstsein wird immer stärker und stärker.

Treten Sie nun wieder ein Stück zurück und lesen Sie mehrmals, was Sie geschrieben haben.

Auch jetzt kommt wieder etwas sehr Wichtiges: Je größer und spürbarer Ihre Emotionen sind, desto größer wird Ihr Erfolg sein!

Beginnen Sie zu spüren, wie sich in Ihnen ein starkes Glücksgefühl einstellt, Freude und Zufriedenheit sind in Ihnen. Vielleicht bemerken Sie auch, wie Sie beginnen zu lächeln. Es ist ganz so, als hätten Sie Ihre Ziele schon erreicht. Und plötzlich kann es sein, dass Sie Ihr neues Verhalten bildhaft vor sich sehen …

Denken Sie immer daran: Ihr Unterbewusstsein ist nicht in der Lage, zwischen Sein und Schein zu unterscheiden. Es wird diese Bilder als neues Verhaltensmuster übernehmen.

Wichtig bei dieser Technik ist, dass Sie sich die Bilder in mehrfachen Wiederholungen einprägen. Stellen Sie sich in der Zukunft nur noch den weißen Spiegel mit dem gewünschten Verhalten vor. Beachten Sie bitte, dass Sie immer nur ein Problem in einem Zeitabstand von 14 Tagen lösen und dann auf ein neues Problem zugehen können. Wenn Sie ein völlig neues Problem mithilfe der Spiegeltechnik lösen wollen, arbeiten Sie zuerst wieder mit beiden Spiegeln.

Emotionen

Alles, was wir hören, sehen, riechen, schmecken und fühlen, wird über das Bewusstsein weitergeleitet zur großen Schaltzentrale, dem Unterbewusstsein.

Da unser Unterbewusstsein über starke Emotionen programmiert wird, können nur Emotionen es schaffen, ein installiertes Programm im Unterbewusstsein zu verändern.

Deshalb habe ich bei der Spiegeltechnik so großen Wert auf die Emotionen gelegt, denn: Je größer und spürbarer Ihre Emotionen sind, desto größer wird Ihr Erfolg sein.

Hypnotisieren lernen.

In 14 Tagen zum Erfolg

KANN kommt nicht von KÖNNEN, sondern von ÜBUNG!

Um ein Verhalten, das Sie mit der Spiegeltechnik erworben haben, auf Dauer zu festigen, wenden Sie die „14 Tage Technik" an.

Dabei begeben Sie sich 14 Tage lang jeden Abend vor dem Schlafen an Ihren geistigen Entspannungsort, wo Sie Ihr neues Verhalten auf den Spiegel mit dem weißen Rand aufschreiben.
Treten sie nun wieder ein Stück zurück und lesen Sie mehrmals, was Sie geschrieben haben. Beginnen Sie zu spüren, wie sich ein starkes Glücksgefühl in Ihnen einstellt. Freude und Zufriedenheit ist in Ihnen, vielleicht bemerken Sie auch, wie Sie beginnen zu lächeln. Es ist ganz so, als hätten Sie Ihr Ziel schon erreicht. Und plötzlich kann es sein, dass Sie Ihr neues Verhalten bildhaft vor sich sehen …
Suchen Sie sich jetzt ein schönes Fleckchen, an dem Sie sich ausruhen können, ganz so, als würden Sie ein wohlverdientes Nickerchen machen wollen …
Schlafen Sie gut …

Wie Sie vielleicht bemerkt haben, gehen Sie immer abends an Ihren geistigen Entspannungsort und bleiben dort - 14 Tage lang. Sollten Sie einen Abend auslassen, dürfen Sie wieder von vorne beginnen.

Hypnotisieren lernen.

Hinweis

Die Anwendung der Tipps und Ratschläge erfolgt auf eigene Gefahr. Ein Haftungsanspruch gegenüber dem Autor Jürgen Wude besteht nicht. Im Zweifelsfall sind Indikationen vom Kunden/der Kundin ärztlich abzuklären.

Das Buch darf nicht für eigenständige Diagnosen oder für die Auswahl und Anwendung von Medikamenten und Behandlungsmethoden herangezogen werden.

Für gesundheitliche Nachteile oder Ähnliches wird keine Haftung übernommen. Diagnose, Therapie oder Behandlung müssen immer von einem Arzt/einer Ärztin übernommen werden.

Dieses Werk ist urheberrechtlich geschützt.

Alle Rechte, auch die der Übersetzung, des Nachdrucks und der Vervielfältigung des Werkes oder Teilen daraus, sind vorbehalten. Kein Teil des Werkes darf ohne schriftliche Genehmigung des Verlags in irgendeiner Form (Fotokopie, Mikrofilm oder anderes Verfahren), auch nicht für Zwecke der Unterrichtsgestaltung, reproduziert oder unter Verwendung elektronischer Systeme verarbeitet, vervielfältigt oder verbreitet werden.

Die Wiedergabe von Gebrauchsnamen, Handelsnamen, Warenbezeichnungen usw. in diesem Werk berechtigt auch ohne besondere Kennzeichnung nicht zu der Annahme, dass solche Namen im Sinne der Warenzeichen- und Markenschutz-Gesetzgebung als frei zu betrachten wären und daher von jedermann benutzt werden dürfen.

Hypnotisieren lernen.

Jürgen Wude, Bahnhofstr. 88/3, 5760 Saalfelden.
E-Mail: email@wegweiser-pinzgau.at
Webseiten: Wegweiser-pinzgau.at

Jeder Augenblick deines Lebens ist unendlich schöpferisch und das Universum ist freigebig ohne Unterlass. Bring eine Bitte nur klar genug zum Ausdruck, und alles, was dein Herz begehrt, wird zu dir kommen.

www.ingramcontent.com/pod-product-compliance
Lightning Source LLC
Chambersburg PA
CBHW020331290526
45785CB00007B/3004